W9-BMO-586

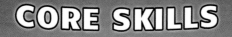

CORE SKILLS

CITE IT:
SELECTING CREDIBLE SOURCES

Miriam Coleman

PowerKiDS press.

New York

Published in 2013 by The Rosen Publishing Group, Inc.
29 East 21st Street, New York, NY 10010

First Edition

Editor: Joanne Randolph
Book Design: Kate Laczynski

Photo Credits: Cover Hill Street Studios/Blend Images/Getty Images; pp. 4, 10, 11, 15, 20, 27, 28, 29 (bottom) iStockphoto/Thinkstock; p. 6 Nicholas Kamm/AFP/Getty Images; p. 8 Cute Kitten Images/Flickr/Getty Images; p. 13 Pixland/Thinkstock; p. 14 Arieliona/Shutterstock.com; p. 16 Digital Vision/Thinkstock; p. 17 © iStockphoto.com/Eric Reagan; p. 23 Jupiterimages/liquidlibrary/Thinkstock; p. 24 Mercury Archives/The Image Bank/Getty Images; p. 26 © iStockphoto.com/Doug Berry; p. 29 (top) James E. Knopf/Shutterstock.com; p. 30 Stockbyte/Thinkstock.

Library of Congress Cataloging-in-Publication Data

Coleman, Miriam.
  Cite it : selecting credible sources / by Miriam Coleman. — 1st ed.
      p. cm.
  Includes index.
  ISBN 978-1-4488-7452-1 (library binding) — ISBN 978-1-4488-7524-5 (pbk.) —
ISBN 978-1-4488-7599-3 (6-pack)
  1. Bibliographical citations—Handbooks, manuals, etc. 2. Report writing—Handbooks, manuals, etc.
3. Research—Handbooks, manuals, etc. I. Title.
  PN171.F56C65 2013
  808.02'7—dc23
                                    2012005773

Manufactured in the United States of America

CPSIA Compliance Information: Batch #SW12PK: For Further Information contact Rosen Publishing, New York, New York at 1-800-237-9932

Contents

WHAT IS A SOURCE?

When putting together a research project, your first challenge is to find good sources. A source is anything that gives you information. Written sources are easy to find in your library or classroom. Books, magazines, and newspapers can all be sources.

The library can be a good place to access many kinds of sources at once. It has lots of books, magazines, and newspapers. It also has access to the Internet and databases.

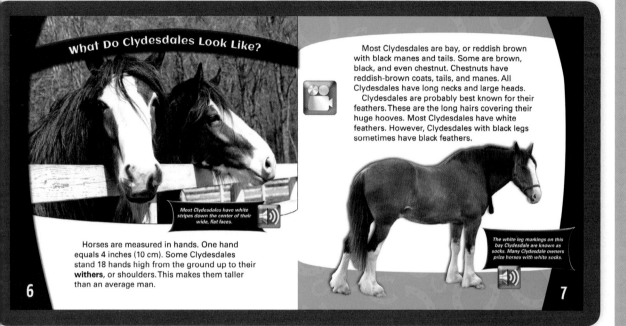

What Do Clydesdales Look Like?

Most Clydesdales are bay, or reddish brown with black manes and tails. Some are brown, black, and even chestnut. Chestnuts have reddish-brown coats, tails, and manes. All Clydesdales have long necks and large heads.

Clydesdales are probably best known for their feathers. These are the long hairs covering their huge hooves. Most Clydesdales have white feathers. However, Clydesdales with black legs sometimes have black feathers.

Most Clydesdales have white stripes down the center of their wide, flat faces.

Horses are measured in hands. One hand equals 4 inches (10 cm). Some Clydesdales stand 18 hands high from the ground up to their **withers**, or shoulders. This makes them taller than an average man.

The white leg markings on this bay Clydesdale are known as socks. Many Clydesdale owners prize horses with white socks.

6

7

Sources do not have to be printed on paper, however. Websites, videos, and even your next-door neighbor or a parent can be sources of facts and information that you can use. Try writing down everything you learned today and where you got the information. It is a good habit to remember the source of any information you learn.

THE GOOD AND THE BAD

Some sources try to give you only factual and true information that is based on careful research. Other sources, unfortunately, are not reliable. Knowing how to spot the difference between good and bad sources will make you a better researcher.

> *When you do a web search on a search engine, such as Google, hundreds of results will come up. Some of the sites will be good resources, but many of them will not be. You need to choose carefully.*

Google™

Advanced Sea
Language Too

| Google Search | I'm Feeling Lucky |

Make Google my homepage

Advertising Programs - Business Solutions - About Google

©2010 - Privacy

FACT VS. OPINION CHART

FACT	OPINION
Is true	Might be true or untrue
Can be tested	Cannot be tested
Supported by evidence	Based on feelings or beliefs

The chart above lists some ways you can tell fact from opinion. Can you think of any other ways?

Keep in mind the difference between fact and opinion. Beware of sources that are made up mostly of opinions. Blogs and personal websites are often just expressions of the author's opinions. Even when they appear to offer facts, the information may be **biased**. Look to see if the authors of such sites list the sources they use. Then look into those sources yourself to see if the facts are presented correctly. Has the author done serious research with different sources? Does the author have any **credentials** to speak knowledgeably about the subject?

When using websites as sources, look for sites that have ties to news organizations, publishers,

If you were doing a project on King Ramses II, a reliable source would be a PBS.org article on this Egyptian king. A fiction story, such as The Mystery of the Ancient Pyramid *by Carole Marsh, would be an unreliable source.*

museums, or universities. These are often more reliable than personal websites. Checking the bibliographies and lists of works cited in published books can also help you find other reliable sources.

You can use the Internet to help you find reliable book sources. Do not take out only one book on a topic from your library. Check out at least two or three.

WHAT IS A CITATION?

A citation is a way of **documenting** where you found your information. A citation gives credit to the author of the original source, as well as information on who published the source and, in some cases, how to find it.

Any direct quotes that you use in your paper should be noted with a citation. You should also cite the source for facts that are not widely known.

It can be helpful to cite sources and page numbers as you make an outline for a project. You will know where to look as you flesh out your project. This will make it easy to create a list of your sources when you have finished your project, too.

When you talk with your friends and tell them a story a grandparent or another friend tells you, you are citing a source!

Citations show that your work is serious. They show that you have used multiple sources to create your own work. Citations also show that the statements you make are supported by experts.

QUICK TIP

If you are writing a report on a fiction story, you can support your ideas with evidence from the book. Use direct quotes or sum up the author's point of view, then include a citation that gives the page number.

WHY DO I NEED TO CITE?

Unless you are an expert on your subject, you will need to find your facts somewhere. It is important to give credit to the source that the information came from. You do not want to pass off someone else's work as your own. Although you are using information that was found by others, you make

If you find an article online on the heart, such as this one, it is important to note it as one of your sources in your project. Citing a source tells your teacher that you did a good job researching and found reliable sources.

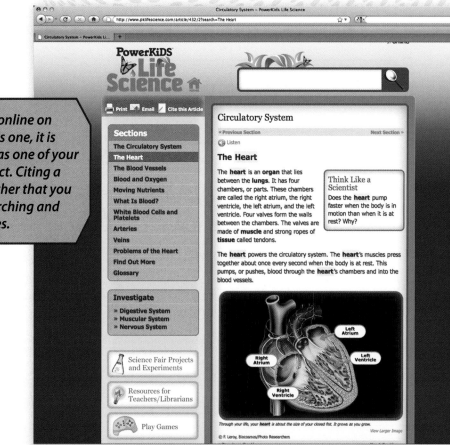

You will likely look at a large number of sources as you research a project. How will you remember which ones you took your facts from if you do not cite the sources?

work your own by **synthesizing** facts from several sources. Always be sure to put the information in your own words so that you do not **plagiarize** your sources.

It is also helpful for readers to know where your facts came from. This can help them **verify** the information you provide or dig deeper into the subject.

QUICK TIP

When you cite your sources, you give yourself a way to go back to a source to find out more, too. This could be helpful if a source you find later does not agree with an earlier one.

13

PUTTING TOGETHER A BIBLIOGRAPHY

A bibliography is a list of all of the works that you have used to put together your project. A bibliography allows your readers to look up and find for themselves the sources you consulted and learned from. The bibliography comes at the end of your project.

Do not wait until you have finished your project to start putting together a bibliography. Each time you use a new source, add it to your bibliography right away.

For a paper on humpback whales, your bibliography might look like this one.

Bibliography

American Cetacean Society. "Cetacean Fact Sheet: Humpback Whale." http://www.acsonline.org/fact pack/humpback.htm. Retrieved on March 7, 2012.

Catt, Thessaly. *Migrating with the Humpback Whale*. New York: PowerKids Press, 2011.

Kalman, Bobbie and Karuna Thal. *The Life Cycle of a Whale*. New York: Crabtree Publishing Company, 2001

Minton, G., T. Collins, C. Pomilla, K. P. Findlay, H. Rosenbaum, R. Baldwin, and R. L. Brownell Jr., "*Megaptera novaeangliae* (Arabian Sea subpopulation)." IUCN 2009. IUCN Red List of Threatened Species. www.iucnredlist.org.

Let's say your teacher asks you to write a report on the history of America's railroads. If you interview your grandfather because he worked for Amtrak when it started its service in 1971, you will need to list this interview in your bibliography.

A bibliography should list any type of information source you used, including books, articles, web pages, videos, and interviews. You can include sources in your bibliography that you did not quote directly but which informed your project. Entries in a bibliography should be arranged in alphabetical order, based on the first word in each entry.

> There are websites you can use to help you create a bibliography. Sites such as EasyBib.com and BibMe.org let you plug in data and the format you would like to use. They then provide you with the proper format for your entry.

It is a good idea to keep track of each source you use as you are reading and taking notes. Be sure to write down all of the information for the citation, just in case you no longer have the book on hand when you need it. This will make it easier to put your bibliography together when you are preparing your final project. It will also help ensure that you do not leave out any important sources.

NOTED!

When you cite sources for facts or quotes within your work, you can either use endnotes or footnotes. These notes are indicated by small numbers that direct the reader to the citation. With endnotes, all of the citations will come in a list at the end of your

Endnotes keep your writing clean since the notes will not interrupt it. This is a sample of a few endnotes from a book on flying lemurs.

At Home in the Trees

There are two **species** of flying lemurs. Both species live in Southeast Asia. The Philippine flying lemur lives in the Philippines. The Sunda flying lemur lives in Thailand, Indonesia, Malaysia, Borneo, Singapore, and Myanmar.[1]

Colugos have long arms and legs. Their front legs and back legs are about the same length.

Both kinds of flying lemurs are **arboreal**, meaning they live in trees. Just about everything they need is found

Where Flying Lemurs Live

CHINA

VIETNAM

Philippine Sea

PHILIPPINES

MALAYSIA

Indian Ocean   INDONESIA

MAP KEY
Philippine Lemur Range
Sunda Lemur Range

in the treetops of the **tropical** rain forest **habitats** in which they live. Flying lemurs are **nocturnal**. This means they are active mostly at night.[2]

6   7

Endnotes:
[1]Norman Lim, *Colugo: The Flying Lemur of South-East Asia*, (Singapore: Draco Publishing, 2007) pp. 4–5.
[2]Willow Clark, *Flying Lemurs*, (New York: PowerKids Press, 2012) p. 7.

SO MANY KINDS

In-text citations are the simplest to format, but they can sometimes make it harder to read your report.

The female velvet ant has no wings, but the male does have wings. Velvet ants lay their eggs in wasps' or bees' nests. Once the eggs hatch, the young feed on the bees or wasps.

Hornets are the largest kind of social wasp. They are known for having a painful sting.

Would you believe that there are about 20,000 kinds of wasps? (Encyclopedia Britannica, "Wasp," p. 1; HowStuffWorks, "How Wasps Work," p. 2) It is true! Most kinds of wasps are solitary. This means they spend their lives alone. Females build their nests alone. Young wasps grow up alone, too. Mud daubers and digger wasps are solitary.

paper. Footnotes place the citation at the bottom of the same page where the note appears. These citations will include the author, title, and page number from your source.

You can also use in-text citations. To do this kind of

QUICK TIP

Footnotes are convenient because the reader does not need to keep turning back to the end of the work to see the citations.

QUICK TIP

Footnotes do not always list citations. They can also provide additional information about the subject that would not otherwise fit neatly into your project.

citation, you simply put the author's last name and the page number in parentheses at the end of your sentence. Then the reader can find out more about your source by going to your bibliography.

Most word-processing programs have tools that make it simple to insert footnotes or endnotes. These tools also help you compile the list of citations.

CITING BOOKS

A citation for a book lists the author's name followed by the title of the book, the city of publication, the publisher, and the publication date. This information can be found on the book's title page and the **copyright** page.

Here you can see where to find the information you need to write your citation on the copyright page and the title page.

Published in 2013 by The Rosen Publishing Group, Inc.
29 East 21st Street, New York, NY 10010

Copyright © 2013 by The Rosen Publishing Group, Inc.

First Edition

Editor: Jennifer Way
Book Design: Greg Tucker
Layout Design: Kate Laczynski

Photo Credits: Cover Wavebreak Media/Thinkstock; p. 4 Jose Luis Pelaez Inc/Blend Images/Getty Images; p. 5 (top) Tom Le Groff/Digital Vision/Thinkstock; p 5 (bottom) ZenShui/Odilon Dimier/PhotoAlto Agency RF Collections/Getty Images; pp. 6, 12, 19 (top), 20 Shutterstock.com; p. 7 Mark Giles/Photo Researchers/Getty Images; p. 8 Dr. Gopal Murti/Visuals Unlimited/Getty Images; p. 9 Adrian Pope/Photographer's Choice/Getty Images; p. 10 Tom Merton/OJO Images/Getty Images; p. 11 © www.iStockphoto.com/Nathan Maxfield; pp. 13, 14–15 JGI/Jamie Grill/Blend Images/Getty Images; p. 16 Aaron Haupt/Photo Researchers/Getty Images; p. 17 © www.iStockphoto.com/Mlenny Photography; p. 18 Creatas Images/Creatas/Thinkstock; p. 19 (bottom) Spencer Platt/Staff/Getty Images News/Getty Images; p. 21 © www.iStockphoto.com/Bonnie Jacobs; p. 22 Tom Le Goff/Photodisc/Thinkstock.

Library of Congress Cataloging-in-Publication Data

Gosman, Gillian.
I have a cold / by Gillian Gosman. — 1st ed.
   p. cm. — (Get well soon!)
Includes index.
ISBN 978-1-4488-7408-8 (library binding)
1. Cold (Disease)—Juvenile literature. I. Title.
RF361.G68 2013
616.2'05—dc23

In a bibliography, you will list the author's last name first, followed by a comma and then the first name. In footnotes or endnotes, write the author's name in the normal order, and include the page number where the fact or quote you used appeared.

BIBLIOGRAPHY

Bosich, Tina. *Pretty Good for a Girl: The Autobiography of a Snowboarding Pioneer.* New York: Harper Collins, 2003.

Mason, Paul. *Snowboarding.* Mankato, MN: Capstone Press, 2011.

This bibliography from a book on snowboarding shows the format for listing the book sources.

As you read, take notes and note the page number where you find particular facts. This will make creating citations much easier once you are at the writing stage of your project.

If you are using both footnotes or endnotes and a bibliography, the citation for a book in the notes needs to include only the author's last name, the title of the book, and the page number. If you are citing the same book several times in your endnotes or footnotes, you do not need to keep repeating all the information. After the first citation, simply give the author's last name and the page number.

CITING WEB SOURCES

When citing websites as sources, you should give the author of the source if you can find it. Next list the title of the page and the Uniform Resource Locator, or URL or web address. If you cannot find any official information aside from the URL, simply

If you had to do a project on George Washington, you might visit the Mount Vernon Estate, Museum, and Gardens site (mountvernon.org). If you used facts from the site, you would cite them using the article title, the URL, and the date you visited the site.

Some websites tell you how you should cite their materials. This article on global warming has two styles of citation listed at the bottom of the page.

provide a brief **descriptive** phrase and the URL. If you are citing a more formal online source, such as a public document, give the name of the agency, publisher, or author, the title of the document, the date, and the URL.

Bear in mind that web sources can change daily or even disappear. For this reason, it is also sometimes helpful to record the date that you accessed the website. Check that your citation is still accurate right before you turn in your project. If the site is no longer available, add a note to your citation saying "site now discontinued."

If you are not sure how to cite a website, ask your teacher or parent to help you. Sometimes it is as simple as copying and pasting the URL into a document on your computer.

CITING OTHER SOURCES

Every type of source you can imagine has a special format that should be used when you cite it. There are sites online that can help you find the right way to give credit to whatever information source you need. For **multimedia** sources such as video and audio recordings, the format is similar to that used for books, except you would also add the type of medium, such as "DVD," "CD," or "filmstrip."

If you are using an interview that you conducted as a source,

Newspaper citations can often be made within the text. For example, your sentence might say, "As John Smith noted in his article in the Times Mariner *on February 4, 2012, . . ."*

give the name of the person you interviewed. Follow this, if possible, by a brief description of who that person is, such as "head zookeeper, Bronx Zoo." Next come the words "in discussion with author" and the date of the interview. If you are citing personal communications, provide the source's name. Then include the circumstance, such as "e-mail message to author" or "telephone conversation with author," and the date.

If you were doing a project on octopuses, you might use and cite video sources or an interview with a marine biologist at your local aquarium. You could also write an e-mail to an expert and cite the response.

Above: *Some older source material, such as old newspapers, may be available only on microfilm.*
Left: *Microfilm is viewed on a screen like this one.*

29

CREDIT WHERE CREDIT IS DUE

Keeping track of where you get your information is an important step in sharing what you learn. This will help you **evaluate** the sources you find and choose only those that are trustworthy. It will also help you make

Handing in a finished project that you know has been well researched is a good feeling. Your citations show that you have evidence to support your ideas and that you were able to put together information from many sources.

sure that you are giving proper credit to others whose hard work is providing the facts for your own projects.

Citing sources also helps lend your report weight. You have researched, given evidence for your ideas, and listed your sources for others to see. Nice job!

Glossary

biased (BY-usd) Showing an unfair preference for or dislike of something or someone.

copyright (KAH-pee-ryt) The right, recognized by law, to be the only producer or seller of a book, play, film, or record for a fixed period of time.

credentials (krih-DEN-shulz) Titles earned by learning certain skills.

descriptive (dih-SKRIP-tiv) Using words to give a picture.

documenting (DO-kyuh-ment-ing) Writing about.

evaluate (ih-VAL-yuh-wayt) To weigh the importance or quality of something.

multimedia (mul-tee-MEE-dee-uh) Using more than one form of expression or communication.

plagiarize (PLAY-juh-ryz) To pass off someone else's work as your own.

synthesizing (SINT-theh-syz-ing) Combining several different things into one whole.

verify (VER-uh-fy) To make sure that something is true or accurate.

Index

Websites

Due to the changing nature of Internet links, PowerKids Press has developed an online list of websites related to the subject of this book. This site is updated regularly. Please use this link to access the list:
www.powerkidslinks.com/cs/cite/

MARABOUT

Photographies de Marie-Pierre Morel

Trish Deseine

Best of chocolat

sommaire

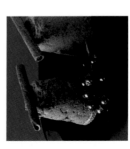

Toutes sortes de chocolats

Pastilles et blocs de chocolat de couverture

Le chocolat de couverture est celui qu'utilisent les professionnels. Il est très riche en beurre de cacao le rendant fluide et facile à travailler et à tempérer. Sa grande qualité est due à la sélection soigneuse des fèves de cacao utilisées dans sa fabrication. Demandez-le chez votre chocolatier et dans les boutiques spécialisées.

Copeaux de chocolat tout faits

Les copeaux de chocolat tout faits que l'on trouve dans les épiceries fines et au rayon pâtisserie sont fabriqués dans un chocolat moins riche en beurre de cacao afin de durcir la matière et lui faire tenir sa forme. Ils sont très utiles. Essayez de trouver une marque de qualité.

Éclats de fèves de cacao

Ce sont les écorces de fèves broyées. Ils donnent un goût puissant de cacao et un croquant intéressant en décor dans les nougatines, caramels, palets et tuiles.

Pépites de chocolat

Fabriquées dans un chocolat moins riche en beurre de cacao qui permet à la pépite de fondre et de reprendre presque sa forme après cuisson. Utiles pour les cookies et les cakes.

Les meilleurs brownies

**Pour une dizaine
de brownies**

2 bols
1 moule carré, rectangulaire
ou un plat à gratin

225 g de sucre
120 g de chocolat noir
90 g de beurre
2 œufs battus
90 g de farine
50 g de noisettes ou de
noix de macadamia grillées
et concassées, ou des noix
de pécan concassées

Faites chauffer le four à 180 °C.

Beurrez un moule carré d'environ 20 cm de côté ou un plat
à gratin rectangulaire qui aurait à peu près la même capacité.
Faites fondre le beurre et le chocolat au micro-ondes ou au
bain-marie et laissez refroidir légèrement. Ajoutez-y les œufs
battus puis le sucre et la farine. Mélangez rapidement mais
avec délicatesse, puis incorporez les noisettes. Versez dans
le moule et faites cuire pendant une demi-heure environ.
Le dessus doit être croustillant et l'intérieur moelleux. Laissez
refroidir un peu avant de démouler.

Dégustez encore chaud avec de la glace
à la vanille ou de la crème fraîche.

Gâteau très riche sans farine ni batteur

Pour 8 à 10 personnes

1 bol
1 saladier
1 moule à manqué de 24 cm
de diamètre

430 g de beurre
430 g de chocolat noir
8 œufs
180 g de sucre
30 cl de crème fleurette

Faites chauffer le four à 180 °C.

Beurrez le moule. Faites fondre le beurre, la crème et le chocolat au micro-ondes ou au bain-marie. Ajoutez le sucre et remuez bien pour qu'il se dissolve. Dans un grand bol, battez légèrement les œufs avec un fouet ou une fourchette, puis ajoutez-les au mélange chocolaté. Remuez bien afin que la consistance du mélange soit homogène.

Versez dans le moule et faites cuire 40 minutes environ. Laissez refroidir dans le moule posé sur une grille. Lorsque le gâteau est refroidi, démoulez-le et emballez-le bien avant de le laisser reposer une nuit au réfrigérateur.

Cookies au chocolat, noix de macadamia et sirop d'érable

Pour une trentaine de cookies

du papier sulfurisé ou un tapis en silicone
1 bol

150 g de cassonade
170 g de beurre salé en pommade
2 cuillerées à soupe de sirop d'érable
1 œuf battu
280 g de farine
60 g de pépites de chocolat au lait ou noir
40 g de noix de macadamia hachées (prenez des noix de pécan, des noix ou des noisettes si vous ne trouvez pas de noix de macadamia)

Battez la cassonade et le sirop d'érable avec le beurre jusqu'à ce que le mélange devienne crémeux et léger. Ajoutez l'œuf en battant toujours. Versez ensuite la farine, les noix et le chocolat et mélangez avec une cuillère en bois. Formez un rouleau avec la pâte, emballez-le de film alimentaire et laissez reposer au réfrigérateur pendant 5 ou 6 heures.

Faites chauffer le four à 190 °C.

Sortez la pâte, coupez-la en rondelles d'un demi-centimètre et posez sur du papier sulfurisé, ou un tapis en silicone, sur une plaque allant au four.

Faites cuire pendant 10 minutes environ jusqu'à ce que le dessus des cookies soit doré.

Laissez refroidir sur une grille.

Cookies aux flocons d'avoine

Pour une vingtaine de cookies

1 bol
1 plaque allant au four du papier sulfurisé ou 1 tapis en silicone

70 g de flocons d'avoine (ceux de vos petits déjeuners)
210 g de beurre salé en pommade
100 g de sucre glace
220 g de farine
1 cuillerée à café de levure chimique
50 g de chocolat au lait
50 g de chocolat noir

Battez le sucre et le beurre jusqu'à ce que le mélange soit crémeux et léger.

Ajoutez la farine, la levure et les flocons d'avoine et mélangez avec les doigts afin d'obtenir une pâte assez ferme.

Formez un rouleau de 10 cm de diamètre environ, emballez-le dans du film alimentaire et mettez-le au réfrigérateur pendant 30 minutes.

Faites chauffer le four à 150 °C.

Sortez le rouleau, tranchez des rondelles d'un demi-centimètre, placez sur du papier sulfurisé beurré ou un tapis en silicone posé sur une plaque allant au four et enfournez pendant 15 à 20 minutes jusqu'à ce que le dessus des cookies soit doré. Sortez du four, laissez refroidir quelques minutes sur la plaque puis posez sur une grille.

Lorsqu'ils sont complètement refroidis, décorez les cookies à l'aide d'une cuillère à café, les uns avec du chocolat noir fondu, les autres avec du chocolat au lait, ou mélangez les deux.

Gâteau riche au chocolat au lait, aux dattes et aux amandes

Pour 8 à 10 personnes

1 moule à manqué de 25 cm de diamètre
1 batteur électrique
du papier sulfurisé
2 bols

250 g de bon chocolat au lait
3 jaunes d'œufs
3 œufs
125 g de cassonade
175 g d'amandes en poudre
100 g d'amandes entières grillées et concassées
175 g de beurre
150 g de dattes medjool hachées (si vous n'en trouvez pas, faites pocher des dattes dans de l'eau et du sucre pendant 3 minutes)

Beurrez le moule et chemisez le fond d'un cercle de papier sulfurisé beurré.

Faites chauffer le four à 170 °C.

Faites fondre le beurre et le chocolat au micro-ondes ou au bain-marie. Battez les 3 œufs entiers, le sucre et les jaunes d'œufs jusqu'à ce que la préparation blanchisse et épaississe.

Ajoutez la poudre d'amandes, les amandes et les dattes, et mélangez bien. Incorporez la préparation beurre-chocolat. Versez dans le moule et faites cuire pendant 50 minutes environ. Laissez refroidir avant de démouler.

Servez avec de la crème fraîche et des copeaux de chocolat au lait.

Naomi Bars

Pour 8 à 10 personnes

1 bol que vous laverez après
chaque couche en attendant
qu'elle refroidisse
1 plaque à biscuits ou 1 plat
à gratin rectangulaire
1 batteur électrique

Première couche

100 g de beurre
50 g de sucre
3 cuillerées à café de cacao
en poudre
100 g de chocolat noir
1 œuf battu
250 g de biscuits écrasés
(Petit Lu, par exemple)
50 g de noix de coco râpée
50 g de noix hachée
(ou noix de pécan)

Deuxième couche

50 g de beurre ramolli
250 g de sucre glace
3 cuillerées à soupe de
custard powder*
3 à 4 cuillerées à soupe
d'eau

Troisième couche

80 g de chocolat noir
50 g de beurre ramolli
50 g de sucre glace

Faites fondre le chocolat, le beurre et le sucre au micro-ondes ou au bain-marie. Ajoutez l'œuf battu et faites chauffer doucement sans laisser bouillir. Hors du feu, incorporez les autres ingrédients.

Étalez la préparation sur une plaque ou dans le plat à gratin sur une épaisseur d'environ 1 cm. Placez au réfrigérateur pendant 1 heure.

Battez ensemble tous les ingrédients de la deuxième couche afin d'obtenir un mélange lisse et homogène. Étalez-le sur la première couche refroidie et remettez le tout au froid pendant 30 minutes environ.

Faites fondre doucement le beurre et le chocolat au micro-ondes ou au bain-marie. Mélangez avec le sucre glace. Étalez sur les autres couches froides et laissez au réfrigérateur 1 heure environ avant de découper et de déguster.

* Vous trouverez sans difficulté la Custard Powder dans les épiceries fines ou un peu chic. Aussi, parfois dans les supermarchés, dans les rayons "british".

Shortbread au chocolat

Pour 6 à 8 personnes

1 bol
1 plat rond flûté

250 g de beurre salé très froid coupé en petits dés
85 g de sucre
300 g de farine
25 g de cacao en poudre

Préchauffez le four à 150 °C.

Travaillez le beurre, le sucre, la farine et le cacao avec les doigts ou au robot pour obtenir un mélange sableux.

Pétrissez 1 minute sur une surface froide et légèrement farinée.

Pressez la pâte avec les doigts dans le plat préalablement beurré.

Faites cuire 50 minutes à 150 °C.

Découpez en triangles au sortir du four et parsemez de sucre. Laissez refroidir dans le plat.

Madeleines au chocolat et au miel

Pour une quarantaine de petites madeleines

1 saladier
1 plaque à madeleines (en silicone si possible)

150 g de chocolat noir
70 g de beurre
5 œufs dont vous aurez séparé les blancs des jaunes
125 g de sucre
4 cuillerées à soupe de miel
150 g de farine

Faites fondre le chocolat et le beurre au micro-ondes ou au bain-marie. Laissez refroidir.

Battez les jaunes d'œufs avec le sucre jusqu'à ce que le mélange soit épais et devienne jaune pâle. Ajoutez le chocolat fondu, le miel, le sucre et la farine, en battant rapidement le mélange après chaque nouvel ingrédient.

Battez les blancs en neige pas trop ferme et incorporez-les à la pâte.

Laissez refroidir la pâte au réfrigérateur pendant au moins une heure.

Faites chauffer le four à 190 °C.

Si vous utilisez un moule en silicone, pas besoin de le beurrer ; avec un moule classique, prenez soin de bien enduire les creux.

Mettez une cuillerée à café rase de pâte dans les petits moules, une bien pleine dans les plus grands.

Faites cuire 8 à 10 minutes, selon la taille des madeleines. Elles doivent être juste bombées sur le dessus.

Sortez du four et laissez refroidir un peu avant de démouler.

Gâteau aux Petit Lu d'Emmanuelle

Pour 8 personnes

1 casserole
1 grand bol
1 moule à terrine (ou à cake)
du film alimentaire

3/4 d'un paquet de Petit Lu
40 g de meringue
2 œufs légèrement battus
150 g de sucre
50 g de cacao
100 g de chocolat noir
300 g de beurre

Cassez en petits morceaux les biscuits et les meringues avec les doigts. Ne réduisez surtout pas en poudre : il faut des morceaux inégaux de 1 cm environ.

Faites fondre le chocolat et le beurre au micro-ondes ou au bain-marie, et laissez refroidir. Ajoutez les œufs, le sucre et le cacao ; mélangez bien.

Tapissez un moule à terrine de film alimentaire et versez-y la préparation en tassant un peu. Placez au réfrigérateur pendant 6 heures minimum, voire toute une nuit si possible !

Servez le gâteau avec de la crème fouettée, par exemple.

IDÉE • J'ai un peu modifié la recette d'Emmanuelle qui comporte, à l'origine, 90 g de cacao comme seul ingrédient chocolaté. Je préfère panacher avec du chocolat noir fondu pour rendre la préparation plus onctueuse et un peu moins forte. À vous d'essayer les deux. L'avantage de la version d'Emmanuelle : pas besoin de casserole !

Banoffee

Pour 8 personnes

6 cercles de 8 cm
de diamètre
1 casserole
2 bols
1 batteur électrique
6 assiettes

1 paquet de digestive
biscuits, au rayon
anglo-saxon de votre super-
marché (à défaut, des
sablés feront l'affaire, vous
ajouterez alors une pincée
de sel)
3 bananes
le jus d'un citron
1 boîte de lait concentré
sucré
50 g de beurre salé
200 g de chocolat au lait
un peu de crème fleurette
fouettée pour la garniture

Percez un petit trou dans la boîte de lait concentré, posez-la
dans une casserole d'eau frémissante et laissez bouillir à petit
feu pendant 2 heures. Sortez la boîte de la casserole et laissez-
la refroidir.

Écrasez les biscuits. Faites fondre le beurre, mélangez-le aux
biscuits écrasés et pressez le mélange au fond des cercles
posés sur 6 assiettes. Laissez refroidir.

Coupez les bananes en rondelles, roulez-les dans le jus
de citron pour qu'elles ne s'oxydent pas, et disposez-les sur
les bases de biscuit.

Répartissez le lait caramélisé sur les bananes.

Faites fondre le chocolat au micro-ondes ou au bain-marie.
Faites couler du chocolat sur le caramel et laissez refroidir
puis durcir au réfrigérateur 1 ou 2 heures.

Juste avant de servir, fouettez la crème fleurette, puis ôtez
délicatement les cercles en appuyant sur les disques au
chocolat; garnissez d'un peu de crème fouettée et laissez
le tout s'écrouler gentiment et délicieusement dans chaque
assiette.

Le gâteau au chocolat fondant de Nathalie

Pour 6 à 8 personnes

1 bol
1 saladier
1 moule à manqué de 20 cm
de diamètre

200 g de bon chocolat noir
200 g de beurre
5 œufs
1 cuillerée à soupe de farine
250 g de sucre

Faites chauffer le four à 190 °C.

Faites fondre ensemble, au micro-ondes ou au bain-marie,
le chocolat et le beurre.

Ajoutez le sucre et laissez refroidir un peu. Incorporez un par
un les œufs en remuant bien avec une cuillère en bois après
chaque nouvel œuf ajouté.

Enfin, ajoutez la farine et lissez bien le mélange. Versez dans
un moule et faites cuire pendant 22 minutes. Le gâteau doit
être encore légèrement tremblotant au milieu.

Sortez du four, démoulez rapidement et laissez refroidir
et reposer.

Quenelles au chocolat

Pour 8 personnes

1 casserole
1 batteur électrique
2 bols

200 g de chocolat noir
4 jaunes d'œufs
80 g de sucre en poudre
10 cl de lait entier
20 cl de crème fleurette

Battez les jaunes d'œufs avec le sucre jusqu'à ce que le mélange blanchisse. Faites chauffer le lait et la crème, versez sur les jaunes puis faites cuire (comme pour une crème anglaise).

Lorsque le mélange épaissit, versez-le sur le chocolat en remuant sans cesse.

Couvrez et laissez une nuit au réfrigérateur.

Formez des quenelles à l'aide de deux cuillers à soupe et servez avec des fruits frais.

IDÉE • Si la préparation de la crème anglaise vous effraie, vous pouvez aussi faire des quenelles avec de la ganache : versez 25 cl de crème fleurette très chaude sur 200 g de chocolat, mélangez bien afin d'obtenir une crème homogène et laissez refroidir complètement toute une nuit au réfrigérateur avant de servir.

Pavé au chocolat de Virginie

Pour 6 personnes

1 bol
1 saladier
1 moule à terrine de 25 cm
1 batteur électrique

400 g de chocolat amer
125 g de beurre
4 jaunes d'œufs
75 g de sucre glace
50 cl de crème fleurette
fouettée

Faites fondre le chocolat et le beurre ensemble au micro-ondes ou au bain-marie.

Battez les jaunes d'œufs et le sucre jusqu'à ce que le mélange blanchisse.

Montez la crème fleurette froide en chantilly à l'aide d'un batteur électrique.

Mélangez délicatement les deux préparations à l'aide d'un fouet puis ajoutez délicatement la crème fleurette.

Tapissez un moule à terrine de film plastique et versez-y le mélange.

Laissez au réfrigérateur pendant 5 à 6 heures.

Mousse au chocolat noir simplissime

Pour 4 personnes

1 bol
1 saladier
1 batteur électrique

150 g de chocolat noir en petits morceaux
5 œufs dont vous aurez séparé les blancs des jaunes
2 cuillerées à café de rhum, de liqueur de café ou de cognac (facultatif)

Faites fondre le chocolat au micro-ondes ou au bain-marie.

Hors du feu ajoutez l'alcool – si vous en mettez –, puis les jaunes d'œufs, un par un.

Montez les blancs en neige et incorporez-les délicatement au mélange chocolaté.

Versez la préparation dans un ou plusieurs plats pour servir.

Laissez refroidir au moins 2 heures avant de déguster.

Mousse au chocolat au lait

Pour 4 personnes

2 bols
1 batteur électrique

150 g de chocolat au lait
10 cl de crème fleurette

Faites chauffer la crème et versez-la sur le chocolat. Remuez bien jusqu'à ce que le chocolat ait fondu et que le mélange soit lisse et brillant. Laissez refroidir toute une nuit – ou au moins 4 heures – au réfrigérateur. Avant de servir, fouettez à l'aide du batteur électrique et versez dans le récipient de votre choix.

Petits pots au Baileys

Pour 6 à 8 personnes

2 bols
1 batteur électrique
6 ou 8 petits bols
ou ramequins

200 g de chocolat noir
20 cl de crème fleurette
4 cuillerées à soupe de
mascarpone
5 cuillerées à soupe
de Baileys
copeaux de chocolat pour
la décoration

Faites fondre le chocolat au micro-ondes ou au bain-marie.

Fouettez la crème et le mascarpone avant d'y incorporer le Baileys.

Versez la crème dans des récipients individuels, faites couler le chocolat fondu en tournant avec une petite cuillère afin de laisser des traces dans la crème, décorez de copeaux de chocolat et laissez refroidir 1 heure au réfrigérateur avant de servir.

Trifle à la forêt-noire

Pour 12 personnes

2 moules à manqué de
24 cm de diamètre environ
1 saladier
1 bol
1 batteur électrique
1 grande coupe transparente
1 feuille de papier sulfurisé

12 œufs dont vous aurez
séparé les blancs
des jaunes
200 g de sucre
75 g de cacao en poudre
1 grand pot (ou 2 petits)
de griottes au kirsch
50 cl de crème fleurette
200 g de mascarpone
(facultatif)
3 cuillerées à soupe de
sucre
200 g de chocolat noir
100 g de copeaux de
chocolat noir

Faites chauffer le four à 180 °C.

Graissez et chemisez les moules de papier sulfurisé.

Battez les jaunes d'œufs et le sucre jusqu'à ce que le mélange blanchisse et devienne mousseux. Incorporez doucement le cacao avec une grande cuillère.

Battez les blancs d'œufs en neige et ajoutez au mélange chocolaté en trois fois afin de ne pas faire retomber les blancs. Versez dans les moules et faites cuire pendant 20 minutes environ. Le dessus du gâteau doit être moelleux lorsque vous le pressez avec un doigt.

Sortez du four et laissez un peu sur une grille avant de démouler et de laisser refroidir complètement.

Égouttez les cerises en conservant le sirop au kirsch.

Battez la crème avec le mascarpone et le sucre.

Coupez un des gâteaux en deux dans sa largeur ; posez une couche de génoise au fond de la coupe. Faites couler la moitié du sirop des cerises et disposez la moitié des fruits sur la génoise.

Faites fondre le chocolat noir au micro-ondes ou au bainmarie. Avec une cuillère, faites couler une fine couche de chocolat fondu, aussi égale que possible, qui durcira au contact de la génoise.

Mettez une couche de crème sur le chocolat puis recommencez l'opération en réservant quelques cerises et les copeaux de chocolat pour la décoration finale.

Laissez refroidir au réfrigérateur quelques heures avant de servir.

Pain perdu au chocolat

Pour 8 personnes

1 plat à gratin
2 bols

50 cl de crème fleurette
4 œufs
une dizaine de tranches
de pain de campagne ou
de pain anglais de la veille
sans croûte
150 g de chocolat noir
100 g de sucre
75 g de beurre
un peu de sucre vergeoise

Beurrez légèrement le plat à gratin.

Coupez le pain en triangles.

Faites fondre le chocolat et le beurre avec la crème et le sucre, au bain-marie ou au micro-ondes.

Remuez bien et assurez-vous que le sucre est bien dissous.

Battez légèrement les œufs et ajoutez-les au mélange. Battez de nouveau afin de bien homogénéiser la préparation et obtenir un mélange bien crémeux.

Mettez le pain dans un plat à gratin en faisant chevaucher les tranches, et couvrez de sauce au chocolat, en appuyant avec une cuillère pour être sûr que tous les morceaux sont bien couverts. Laissez macérer une journée au moins si vous pouvez avant de faire cuire au four à 180 °C pendant 30 minutes environ.

Laissez refroidir un peu avant de servir avec de la crème fraîche et de la vergeoise.

IDÉE • Vous pouvez remplacer le pain par de la brioche ou du panettone, histoire d'enrichir un peu la recette.

Riz au lait au puits de chocolat fondu

Pour 6 personnes

1 casserole
6 ramequins

1 l de lait entier
100 g de sucre
1 gousse de vanille
150 g de chocolat
en pastilles ou coupé
en morceaux de 1 cm
environ
500 g de riz rond (arborio)

Versez le sucre dans le lait et portez à ébullition. Ajoutez la gousse de vanille fendue et le riz, et faites cuire en remuant sans cesse pendant 20 minutes environ. Il faut que le lait soit absorbé et le riz fondant. Ajoutez du lait si le mélange devient trop collant.

Disposez les portions dans les ramequins ; avec une petite cuillère, enfoncez les pastilles de chocolat sous la surface du riz. Ainsi, il sera fondu lorsque vos invités y plongeront leur cuillère. Là, l'instant est grave : faut-il remuer ou pas ?

IDÉE • Vous pouvez aussi mettre le chocolat, noir ou au lait, et remuer aussitôt. Ajoutez sur le dessus un peu de mascarpone ou de crème fraîche, avec une demi-cuillerée de vergeoise pour le croquant : c'est trop bon !

40

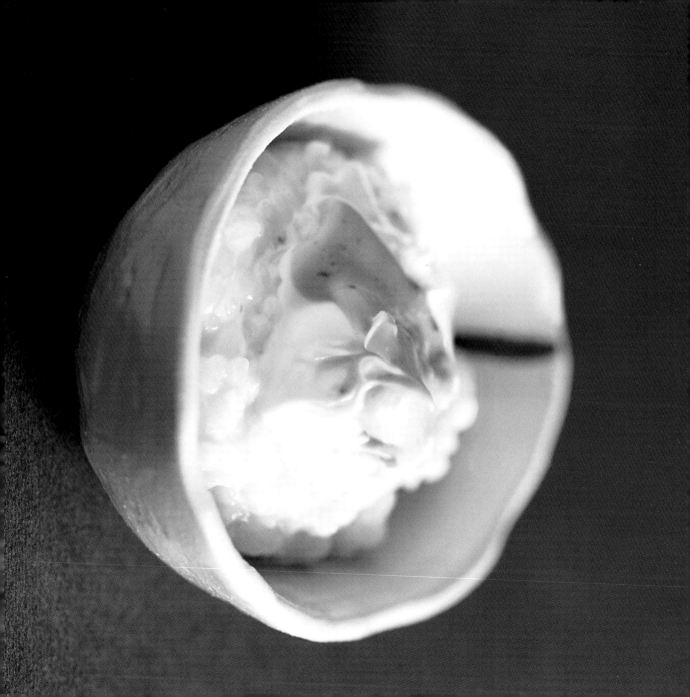

Chocolat chaud

Pour 2 personnes

1 casserole

75 g de chocolat noir en morceaux
2 cuillerées à café de sucre
1 gousse de vanille fendue
25 cl de lait frais entier
15 cl de crème fleurette fraîche
du chocolat en copeaux
ou du cacao en poudre pour
la décoration

Mettez tous les ingrédients dans une casserole et faites chauffer très doucement en remuant avec un fouet jusqu'à ce que tout le chocolat soit fondu et que le mélange soit chaud et mousseux.

Versez dans des tasses et parsemez de cacao ou de copeaux de chocolat.

IDÉE • Vous pouvez aussi monter un peu de crème en chantilly et en poser une cuillerée sur le chocolat avant de servir.

Petites crèmes au chocolat comme celles de ma maman

1 saladier
1 batteur électrique
1 plat à gratin pour
le bain-marie
1 casserole
6 petits pots ou ramequins

75 g de sucre
5 œufs
**100 g de chocolat noir en
petits morceaux**
60 cl de lait entier

Faites chauffer le four à 180 °C.

Battez légèrement les œufs avec le sucre dans un grand bol.
Portez le lait à ébullition et versez-le sur le chocolat ;
mélangez bien.

Ajoutez petit à petit le mélange chocolaté dans les œufs.

Versez la crème dans des petits pots ou des ramequins.

Placez-les dans un plat à gratin et remplissez-le à moitié d'eau
chaude.

Faites cuire au bain-marie 15 à 20 minutes.

Laissez refroidir et servez avec des petits biscuits fins
et croquants.

Crème brûlée au chocolat

2 bols
1 batteur électrique
6 plats à œufs ou à gratin individuels

60 g de sucre
7 jaunes d'œufs
70 cl de crème fleurette
150 g de chocolat noir
5 cuillerées à soupe de cassonade

Faites chauffer le four à 130 °C.

Faites fondre le chocolat au bain-marie ou au micro-ondes. Laissez refroidir légèrement.

Avec un batteur électrique, fouettez les jaunes d'œufs avec le sucre jusqu'à ce que le mélange blanchisse.

En continuant de battre, ajoutez d'abord le chocolat fondu puis la crème.

Mettez le mélange dans des plats à œufs ou des petits plats à gratin individuels en terre.

Faites cuire pendant 30 minutes environ. Surveillez bien : il faut que la crème soit prise sur les côtés et tremblotante au milieu.

Sortez les petits ramequins du four et laissez refroidir dans un endroit frais, puis mettez au réfrigérateur pendant quelques heures.

Juste avant de servir, faites chauffer le gril de votre four au maximum, saupoudrez les crèmes de sucre et faites-les caraméliser.

Remettez au froid.

Îles flottantes au chocolat

1 casserole
2 saladiers
1 batteur électrique

Crème anglaise au chocolat

50 cl de lait entier
60 g de chocolat noir
5 jaunes d'œufs
50 g de sucre

Îles flottantes

5 blancs d'œufs
30 g de sucre
un peu de sucre vergeoise
50 g de noisettes ou d'amandes grillées pour la décoration

Mettez le lait à chauffer, sans le laisser bouillir.

Fouettez les jaunes d'œufs au batteur électrique avec le sucre jusqu'à ce que le mélange blanchisse et double de volume.

Versez le lait presque à ébullition sur les jaunes en remuant.

Remettez cette crème sur un feu assez vif en tournant sans cesse.

Faites cuire jusqu'à ce que la crème nappe le dos de la cuillère.

Faites fondre le chocolat dans la crème et laissez refroidir complètement avant de mettre au réfrigérateur.

Montez les blancs en neige. Ajoutez le sucre en continuant de battre.

Faites pocher des cuillerées de blancs d'œufs dans une casserole d'eau frémissante pendant 1 minute environ. Égouttez et laissez refroidir.

Pour servir, versez de la crème dans une coupelle et déposez une « île » ; parsemez de sucre vergeoise, de noisettes ou d'amandes grillées et/ou caramélisées.

IDÉE • Vous pouvez aussi faire cuire les blancs au micro-ondes. Posez les îles une par une directement sur le plateau du four. Mettez-le presque au maximum et faites cuire pendant 5 secondes jusqu'à ce que l'île gonfle légèrement.

Rochers

Pour 20 pièces environ

1 plaque allant au four
1 casserole
1 feuille guitare ou de papier sulfurisé

110 g d'amandes en bâtonnets
2 cuillerées à soupe de sirop de sucre
1 cuillerée à soupe de sucre glace
135 g de bon chocolat noir ou au lait

Préchauffez le four à 180 °C.

Mélangez les amandes avec le sirop de sucre et formez des petits tas sur une plaque antiadhésive allant au four. Parsemez de sucre glace et laissez griller et caraméliser 2 à 3 minutes au four.

Laissez refroidir. Faites fondre le chocolat au micro-ondes ou au bain-marie et trempez-y les rochers un par un avant de les poser sur la feuille guitare ou de papier sulfurisé.

IDÉE • Si vous ne trouvez pas dans le commerce d'amandes prêtes à l'emploi, faites-les vous-même en taillant des bâtonnets dans le sens de la hauteur.

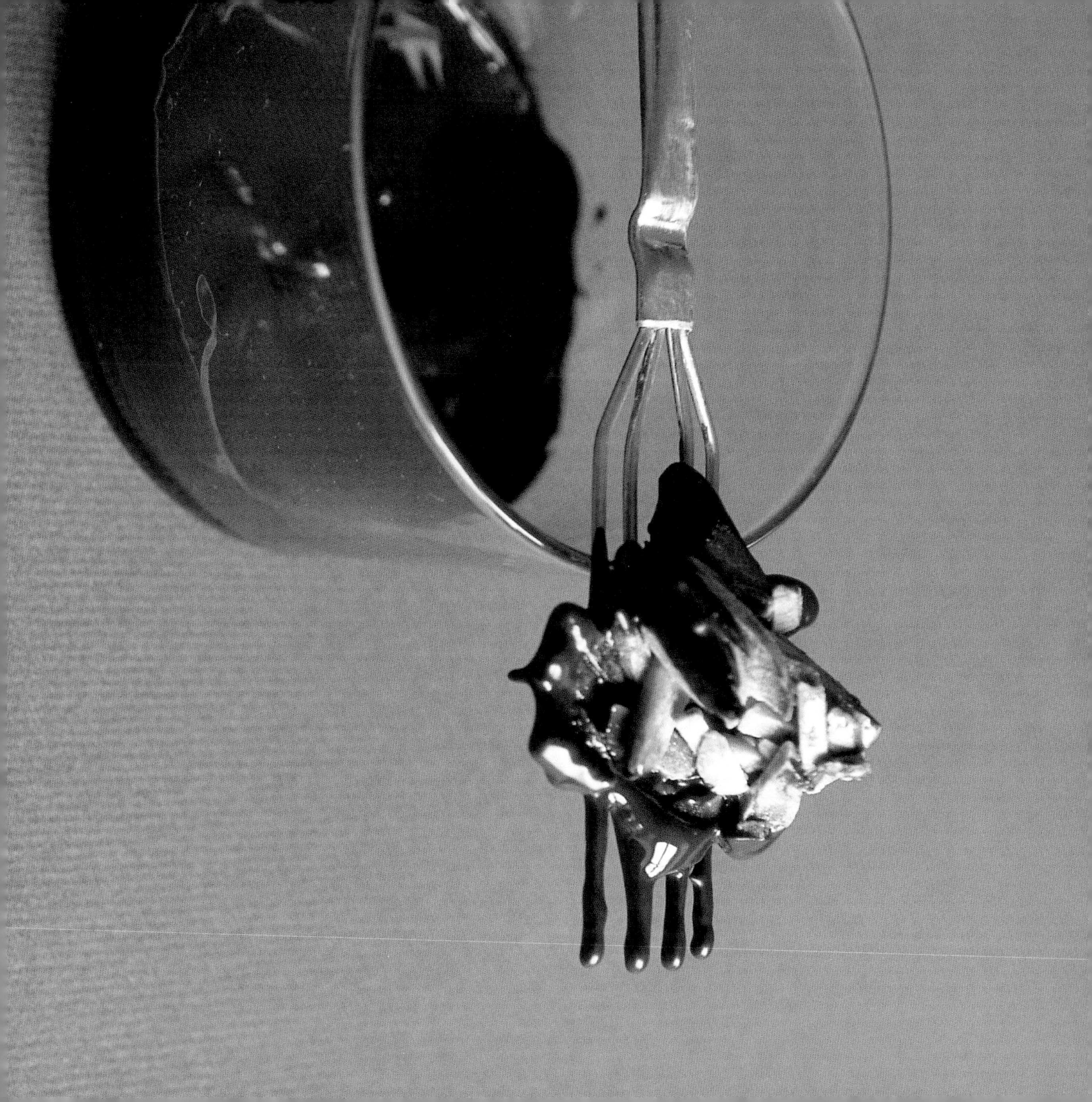

Truffes

Pour 30 à 40 truffes

1 casserole
1 saladier

La ganache
450 g de bon chocolat
25 cl de crème fleurette
fraîche

La déco
poudre de cacao
noisettes ou amandes
grillées en poudre
éclats de fèves de cacao
chocolat noir ou blanc râpé

Portez la crème à ébullition et versez-la sur le chocolat
en pastilles, râpé ou coupé en tout petits morceaux.

Mélangez doucement avec une cuillère. Laissez refroidir.

Formez des petites boules avec les doigts et enrobez-les
de chocolat blanc, noir, de poudre de cacao, d'éclats de fèves
de cacao, de noisettes ou d'amandes grillées.

Mendiants

Pour 25 pièces environ

1 feuille guitare ou
de papier sulfurisé

125 g de chocolat noir
15 g de pistaches vertes
20 g de raisins secs
30 g d'amandes émondées
50 g d'aiguillettes
d'oranges confites

Posez une feuille guitare ou de papier sulfurisé sur un marbre ou sur une surface froide et lisse. Faites fondre le chocolat au micro-ondes ou au bain-marie. Déposez sur la feuille une petite cuillerée à café de chocolat fondu et étalez-le en disque avec le dos de la cuillère. Faites-en plusieurs à la suite pour éviter que le chocolat ne refroidisse trop vite. Sur chaque palet posez un grain de raisin, une pistache, une amande et une demi-aiguillette d'orange, et laissez refroidir complètement. Les mendiants sont prêts lorsqu'ils se décollent facilement du papier.

Palets

Pour 400 g

1 bol
1 feuille guitare ou
de papier sulfurisé
1 cuillère à soupe

250 g de chocolat
200 g de noisettes,
amandes…

Faites fondre le chocolat au micro-ondes ou au bain-marie. Ajoutez les fruits secs au chocolat tout en remuant délicatement.

Déposez, sur la feuille guitare ou de papier sulfurisé, des petits tas du mélange chocolaté. À l'aide du dos d'une cuillère à soupe, tassez un peu afin de former de petits cercles. Laissez durcir à température ambiante.

Petits sujets moulés

Pour 50 petits sujets

1 moule à petits sujets
1 feuille guitare ou
de papier sulfurisé
1 spatule coudée

300 g de bon chocolat

Faites fondre le chocolat au micro-ondes ou au bain-marie.

Versez dans le moule et remplissez tous les sujets. Répartissez bien le chocolat en tapant le bord du moule pendant quelques secondes pour faire remonter toutes les bulles d'air : elles formeraient de petits trous à la surface des sujets démoulés.

Raclez le chocolat excédentaire au-dessus de la feuille guitare ou d'un saladier. Veillez à ne pas laisser de chocolat entre les sujets : cela rendrait le démoulage plus difficile et leurs contours ne seraient pas nets.

Laissez refroidir à température ambiante pendant quelques minutes, puis mettez le moule dans un endroit frais ou au réfrigérateur pendant 30 minutes à 1 heure.

Vous pourrez démouler quand le chocolat se sera rétracté des bords. Pour procéder au démoulage, tordez légèrement le moule comme vous le feriez pour un bac à glaçons. Si le chocolat se décolle en émettant un petit bruit, vous pouvez retourner doucement le moule et faire sortir les sujets. Si vous n'entendez rien, remettez le moule au réfrigérateur pendant une vingtaine de minutes.

Mes Florentins

**Pour une douzaine
de gâteaux**

1 plaque à biscuits
1 casserole
1 saladier
2 feuilles de papier sulfurisé

100 g de beurre
100 g de cassonade
100 g de miel
75 g de fruits confits
hachés
100 g de cerises confites
50 g de raisins secs
100 g d'amandes effilées
100 g de farine
100 g de chocolat noir ou
au lait

Faites chauffer le four à 180 °C.

Beurrez une plaque à biscuits de 18 x 28 cm environ.
Placez la feuille de papier sulfurisé au fond.

Faites chauffer le beurre, la cassonade et le miel jusqu'à ce
que la cassonade soit complètement dissoute. Hors du feu,
ajoutez les cerises, les raisins, les fruits confits, les amandes
effilées et la farine. Mélangez bien. Versez sur la plaque et
faites cuire pendant 20 à 25 minutes jusqu'à ce que le dessus
soit doré.

Laissez refroidir dans le moule pendant 5 minutes, puis tracez
des carrés avec un couteau : ils seront faciles à découper
lorsqu'ils seront froids.

Une fois que tout a refroidi, faites fondre le chocolat au
bain-marie ou au micro-ondes. Découpez des morceaux avec
les doigts et trempez-en une face dans le chocolat puis laissez
de nouveau refroidir et durcir sur une feuille de papier
sulfurisé.

Orangettes

Pour 30 pièces environ

1 casserole
1 feuille guitare ou
de papier sulfurisé

125 g de bon chocolat noir
100 g d'aiguillettes
d'oranges confites

Faites fondre le chocolat au micro-ondes ou au bain-marie.
Trempez une aiguillette à la fois dans le chocolat, enrobez-la
bien, égouttez-la et posez-la sur la feuille guitare ou de papier
sulfurisé. Laissez refroidir.

Tuiles

Pour 20 pièces environ

1 feuille guitare ou
de papier sulfurisé
1 plaque à tuiles
1 paire de ciseaux

**200 g de bon chocolat
(noir, blanc ou au lait)
1 cuillerée à soupe de
noisettes ou d'amandes
hachées et grillées ou
d'éclats de fèves de cacao**

Faites fondre le chocolat au micro-ondes ou au bain-marie, puis mélangez-y les amandes, les noisettes ou les éclats de fèves. Formez des disques très fins sur la feuille guitare, par rangées de quatre.

Quand le chocolat commence à se figer sans durcir, découpez avec une paire de ciseaux des bandes dans la feuille, et posez-les sur une gouttière à tuiles. Laissez durcir complètement, retournez les tuiles et retirez délicatement la bande de papier.

Imprimé en France par Pollina – n° L 92116

ISBN : 250 1041917

Dépôt légal : n° 43625 – mars 2004

4019949 / 01